AF293105

F. Christoph Schiermeyer

33 Gedichte

IMPRESSUM

33 ausgewählte Gedichte
aus "Verschiegener Wunsch", 1978
(zuletzt 2022 mit "Ungereimtes in Versen",
"Baader, Schmock und Immelmann"
und "Ein kleines Kind" als "Sämtliche
Gedichte" bei BoD)

Verlag:

BoD · Books on Demand GmbH,

In de Tarpen 42, 22848 Norderstedt,

bod@bod.de

Druck:

Libri Plureos GmbH, Friedensallee 273,

22763 Hamburg

ISBN: 978-3-7597-8778-1

F. Christoph Schiermeyer

33 Gedichte

Andeutung

Es ist ein
ganz anderer Weg
Es ist ein ganz anderes Leben
Es ist eine andere Art zu denken
Es ist eine andere Art zu fühlen
Es ist der Weg des Herzens
Und der Weg des Herzens
ist friedvoll

Kampfabsage

Ich könnte dich besiegen
Wenn ich mich mit allem auf dich werfe
Könnte ich dich besiegen
Aber ich will dich nicht besiegen
Und ich will nicht mit dir kämpfen
Ich möchte in deiner Nähe wohnen
Und an deinem Anblick mich freuen
Denn du hast mich längst besiegt
Ich bin in deiner Hand

Begegnung

Auf dem Weg zur Arbeit
fand ich einen Stein

Er war sehr schüchtern
und das machte mich verlegen

Nach einer Weile merkten wir
dass die Sonne uns beschien

Das löste unsere Spannung
und ich ging weiter

Das Ende

Ein Ende kam an seinen Schluss
und sprach: "Da ich bald sterben muss,

erfülle mir - ich bin so krank -
den letzten Wunsch! Und vielen Dank!"

So schrieb ich es, das war der Sinn
der Bitte wohl, hin als Beginn.

Das Aquarium

"Auch der Mensch ist nur ein Tier",
sprach zufrieden einst ein Zier-

fisch, der durch die Wand aus Glas
einen Blick riskierte, was

dadurch wurde ihm gelohnt,
dass er den sah, der da wohnt:

einen Menschen, wie er blickt
stumm und fremd und freundlich nickt.

Selbstfindung

Auf einem Baum, in lichter Höh´,
sitzt stumm vor Scham die Diarrhö.

Sie hat zu viel vom Obst genommen
und daraufhin sich selbst bekommen.

Jetzt reißt vom Baum sie Blatt um Blatt
und ärgert sich, dass sie sich hat.

Moral: Muss man sich selber finden,
freut nur ein Ort, dort zu verschwinden.

Sommertagstraum

Es träumte mir, ich lag im Klee
zur Sommerszeit an einem See.

Und über mir sah ich im Fliegen
mich selbst am See im Kleegras liegen.

Ich sah mich unten, sah mich oben,
ich war gleich doppelt mir enthoben

- und das heißt allemal im Leben,
zugleich auch doppelt mir gegeben -

und so, entgegen allen Scheins,
aufs Wunderbarste mit mir eins.

Das Urtier

Es gibt ein Tier, das gar nichts lernt:
Vom Urzustand noch kaum entfernt,

bewegt es ständig sich im Kreis,
weil es von anderem nichts weiß...

Ach Mensch, du meinst,
du wüsstest mehr,
weil dich dein Weg führt kreuz und quer.

Und hast doch Glück,
wenn dir als Greis
dein Lebensweg sich schließt zum Kreis.

Ochs und Esel

Es weihnachtet! - In jedem Stall
bekehren sich die Ochsen
und stehen wie die Kinderlein
verlegen in den Boxen.

Sei du der Esel, der du bist,
und stell dich fromm daneben!
So wird dir noch vor Jahresfrist
- bist du vielleicht auch gar kein Christ -,
manch Eselei vergeben.

Der hingedachte Elefant

Ein Elefant geht durch den Wald
als hingedachte Traumgestalt.

Geführt allein durch dieses Wort
erreicht er einen kleinen Ort.

Erst geht er links, dann gradeaus -
Jetzt steht er GROSS vor deinem Haus.

Ein Weilchen nur! - In dieser Nacht
von mir für dich dort hingedacht.

Der Fluss

Es fließt der Fluss ins tiefe Meer
und hinter ihm fließt wieder er.

Er folgt sich selbst bei jedem Schritt
und auch dahinter fasst er Tritt.

Was vorne sich ins Meer ergießt,
gleich wieder aus der Quelle fließt,

um sich zwar immerfort zu gleichen,
jedoch - selbst kurz - nie zu erreichen...

Drum träume, Mensch,
dich nicht als Fluss:
Du träumtest dich als Sisyphus

und wärst bei deiner Wiederkehr
derselbe, der du warst vorher.

Der fromme Elefant

Ein ursteinalter Elefant,
als Heide ringsherum bekannt,

sprach einst zu einem frommen Floh,
der ihn bekehren wollte, so

(zwei Schleiereulen im Talar
begleiteten den Missionar):

"Ich kann gewiss nicht richtig beten,
dafür jedoch sehr schön trompeten.

Und meine Beine - nun, ihr Eulen! -
erinnern an vier Kirchensäulen.

Aus Elfenbein sind meine Zähne,
was ich nur deswegen erwähne,

weil alles an mir, seid gewiss,
den Schöpfer lobt - selbst mein Gebiss!

Mit einem Wort, als Resümee:
Ein Elefant ist fromm per se!" ---

Der Floh, sehr fromm und mit Verstand,
sprach "Amen, Bruder!"
und verschwand.

Die beiden Eulen im Talar
bekehrten bald ein Dromedar.

Der Elefant jedoch - er galt
seitdem nur noch als ursteinalt.

Der gotische Kaugummi

Unter einem spitzen Bogen
klebt ein Kaugummi, gezogen

in die Länge, in die Breite
(kreuzförmig, weil er sich weihte).

Doch obwohl er sich bekehrte,
blieben äußerlich die Werte,

ja - er ist ein Apostat!!
Alles, was ihn treibt (Zitat):

"Glaubt mir, Brüder, unterm Wohntisch
fühlte ich nicht halb so gotisch!" ---

Pfui! denkt da nicht nur der Fromme,
spricht sein Mund auch
"Dein Reich komme",

denn selbst ER hat kein Verständnis
für solch ehrliches Bekenntnis.

Der Pfingstochse

Ein Pfingstochse incognito
macht Urlaub in Neu-Mexico.

Doch was er vorher nicht bedacht:
Dort ist grad - "Schnauze!" - Stille Nacht.

Und weil den Gauchos er gefällt,
wird er dem Esel beigestellt

als Krippentier zu dem Behuf,
fromm dazustehn wie Gott ihn schuf...

Vorbei der Urlaub! Nichts mit Baden!
Schon wieder drin in allen Gnaden! ---

"Wer hat mich bloß", denkt er "erkannt?!"
Das Kindlein lächelt, hebt die Hand.

Die Unentdeckten

In einem unentdeckten Land
(weil kein Entdecker es dort fand)
beschloss man, um entdeckt zu sterben
dereinst (mit Hinblick auf die Erben)
(das ganze Land war ja aus Sand),
sich um Entdeckung zu bewerben.

Die Frage war nur, wo und wie
(entdeckt worden war man ja nie),
der Modus des Entdeckens war
infolgedessen nicht ganz klar
(Genügte es, wenn man laut schrie:
"Entdeckung!"? Gab´s ein Formular?).

Bei der Beratung dieser Frage
(sie dauerte zehn volle Tage)
hat ein Entdecker (gut versteckt)
(weil ringsherum mit Sand bedeckt)
die Unentdeckten (nach der Sage)
vermittels eines Blicks entdeckt.

Mit seinem Zeh hat er geschrieben
flugs in den Sand: "Es sind Stück sieben!
(Ich liege hier tief hingeduckt
und warte ab, bis einer guckt!)" --
Und dabei ist es dann geblieben.
(Und also steht nicht mehr gedruckt.)

Das Streichholz

Im Wasserglas verebbt der Sturm,
das Huhn verweigert Korn und Wurm.

Auf seinem Fels der Pavian
hockt schweigend stumm
samt seinem Clan.

Betäubt liegt starr das Krokodil,
der Pfeil verharrt vor seinem Ziel.

An ihrem Stab die Wandermaus
steht tränenblind und stiert gradaus.

Der Baum entledigt Ast für Ast
sich seiner Blätter: "Welche Last ---!"

"Und welches Unglück!" fügt hinzu
das Loch in einem Seidenschuh...

Als Nachricht lastet auf dem Land:
"Das Streichholz ist heut' abgebrannt!"

Die Kuh verhüllt ihr Haupt im Tal
und resümiert: "Es war einmal!"

Hausmusik

Unter Opas Pendeluhr
kommt am Sonntag es zum Schwur:

Vater nähert sich den Tasten,
Mutter holt den Geigenkasten.

Dass man nachher Kunst vernimmt,
wird sich vorher abgestimmt:

Er will Brahms interpretieren,
sie mit Mendelssohn brillieren.

Drauf spielt er aus Schumanns Szenen
"Fremder Mann" - zu ihren Tränen,

die nicht hindern, was sie ehrt,
dass sie sich mit Mozart wehrt...

Und so gibt es, unterm Pendel,
wie noch jeden Sonntag: Händel.

Der Eisberg

An einen Eisberg,
mächtig und alt,
hat sich in schneereicher Februarnacht
eine Eisbergin rangemacht -

Er blieb kalt.

Da hat sie ihm
- ihr Verlangen war heiß -
drunten im eiskalten Wasser gezeigt,
was sie dort alles angebaut:

Nichts als Eis!! -

Da ist er getaut.

Das verschaukelte Schaukelpferd

Ein Schaukelpferd, weil falsch geritten,
teilt seinem Reiter bündig mit:
"So geht das nicht!" und fällt in Schritt...
Doch der hat alles abgestritten
und seinem Reittier vorgegaukelt:

"Ich ritt mit dir durch einen Wald,
der wuchs heraus aus dem Asphalt,
und Schlagloch grenzte dort an Löcher,
so groß wie --- und noch größer nöcher!!
Du weißt es doch, du warst dabei!" -

Dem Pferdchen ist es einerlei.
Es fühlt sich nach wie vor: verschaukelt.

Die Radtour

Auf meiner Fahrt
mit dem Rad durch das Land
sah ich manches. Allerhand
kam mir seltsam, befremdlich vor.
(Und auch bekannt.)

Ich sah: Man hört überall auf dem Ohr,
in das gesprochen wird, rein nichts...
Wegen der Wärme, wegen des Lichts
fuhr ich nach Süden.

Ich sah, wie verschieden
die Menschen in jedem Landstrich
sich gleichen.

Ich sah ein Kind,
das wollte nicht weichen
lange Zeit von meiner Hand.

(Das hat mich erkannt.)

Unweit von Würzburg
sah ich den Hasen,
der dort gekonnt im Handstand steht.

Der ist ein Jongleur
mit Blumenvasen
(und abends Charmeur) ---

Wie's dem heut wohl geht?

Unterwegs

Wir waren
mit dem Fahrrad unterwegs
und die Straße war steil
Links und rechts standen Obstbäume
dazwischen Telegrafenmasten
und später dann Häuser

Gegen Mittag machten wir Rast
wir aßen und tranken
und niemand
wusste mehr genau zu sagen
ob wir die Straße
heraufgekommen waren
oder herab

Vorm Zelt

Der Mond steht ganz genau auf halb.
Ich sitz vor meinem Zelte
und bellte gern zu ihm hinauf
vor Andacht und vor Kälte.

Mir ist so hundeelend wohl
in meinem Strickpullunder.
Lass Ärmel wachsen, lieber Gott,
ich mach daraus kein Wunder! --

So manches ist so gar nicht rund
und niemand zu beneiden.
Es bellt der Hund - du hältst den Mund
und lernst, dich zu bescheiden.

Ohne Angst

Es gibt fast nichts, was wirklich zählt,
lass dich von nichts beschweren.
Was dir zu deinem Glücke fehlt -
Du kannst es auch entbehren.

Du bist nicht da zum Glücklichsein,
gewiss auch nicht zum Leiden.
Du musst dein Leben lang verzeihn
(und darfst dein Glück nicht meiden).

Sei ohne Angst und voller Ruh,
betrachte auf der Weide
- so du das Glück hast - eine Kuh
und denk, Gott liebt euch beide!

Über die Heiterkeit

Ich möchte so manches noch sagen.
Und noch mehr geraderücken –

Mir ist an manchen Tagen,
als könne mir beides glücken.

Dann fange ich an zu erzählen --
und stocke -- und weiß
nicht mehr weiter…

Die Worte, die dann mir so fehlen,
die stimmen mich hinterher heiter.

Der Mann ohne Gesicht

Er kommt, wenn er geht
ganz nah an dich heran

Er lächelt schüchtern
er fasst dich am Arm

Er möchte was sagen
und sagt dann doch nichts

Er lächelt nur still:
Pst, sag mir jetzt nichts

Vielleicht wird er kommen
vielleicht aber nicht

Er kommt, wenn er geht -
Das ist sein Gesicht

Lebensabend

Von dem Kind
das im Nachbargarten
Blindekuh spielt
habe ich noch die
Ururgroßmutter gekannt -

jene Oma Rieke
die zahnlos und in schwarzen
Frühlingskleidern schon
frühzeitig die Weisheit
der Steine angenommen hatte
die Gesprächigkeit des Flusses
und die Weitsichtigkeit
der fast Erblindeten

Da hockt sie nun
mit ihren prächtigen Zähnen
in ihren bunten Kleidern
und spielt schon wieder

Lebensabend

Der Bleistift

Ein Bleistift flog ins All
mit einem Blatt Papier.

Darauf im freien Fall
schrieb er die Zeilen nieder:

„ Ich komme nicht
mehr wieder!"

Dieses himmlische Papier
siehst du hier!

Nur eine Frage

Angenommen
du seist
Schneewittchen

und ich wär
der Prinz -

Wer führte
uns dann
in ein neues
Märchen?

Traum

"Komm wieder,
wenn du
wach bist"

sagte der Traum
den ich
träumen wollte:

"Ich bin der
Traum
vom Wachsein"

Unter Bäumen

Jeder Baum ist ganz allein -
unter Bäumen.

Jeder Baum muss ganz allein
stehn und träumen.

Jeder Baum wird, wie er war,
enden:

einzeln - nicht als Paar.

Die Bäume

über die ich schreibe
gibt es nicht mehr

Ich schneide ihr Herz
in holzfreies Papier
und warte

auf Narben in Jahren

Haiku

Unter dem Herbstdach
lichtdurchschienener Blätter
sich selber sammeln

PS: Was ich wem wünsche

Den Juden
das Himmelreich

Den Indianern
das Paradies auf Erden

Den Moslems
das Nirwana

Den Christen
die ewigen Jagdgründe

Den Buddhisten
den siebten Himmel

Den Kommunisten
Abrahams Schoß

Und mir?
Sie da zu wissen.

F. CHRISTOPH SCHIERMEYER

Geboren 1952 in Höxter
als zweites von neun Geschwistern

Gymnasialzeit in einem Internat
der Augustiner in Münnerstadt

Danach drei Jahre lang Mitglied
des Dominikaner-Ordens

Von 1977 bis 1992 Filmvorführer
in verschiedenen Bonner Kinos

Anschließend vornehmlich Hausmann
in einer fünfköpfigen Familie

Lebt in Windhagen/ Westerwald

(fcschiermeyer@outlook.de)